BEI GRIN MACHT SICH IHR WISSEN BEZAHLT

- Wir veröffentlichen Ihre Hausarbeit, Bachelor- und Masterarbeit

- Ihr eigenes eBook und Buch - weltweit in allen wichtigen Shops

- Verdienen Sie an jedem Verkauf

Jetzt bei www.GRIN.com hochladen und kostenlos publizieren

Hendrik Wollersheim

Die Meiji-Zeit

Wie es dem japanischen Staat im frühen zwanzigsten Jahrhundert gelingen konnte, binnen kürzester Zeit den Wandel von einem Feudalstaat zu einer modernen Industrienation zu vollziehen.

GRIN Verlag

Bibliografische Information der Deutschen Nationalbibliothek:

Die Deutsche Bibliothek verzeichnet diese Publikation in der Deutschen Nationalbibliografie; detaillierte bibliografische Daten sind im Internet über http://dnb.d-nb.de/ abrufbar.

Dieses Werk sowie alle darin enthaltenen einzelnen Beiträge und Abbildungen sind urheberrechtlich geschützt. Jede Verwertung, die nicht ausdrücklich vom Urheberrechtsschutz zugelassen ist, bedarf der vorherigen Zustimmung des Verlages. Das gilt insbesondere für Vervielfältigungen, Bearbeitungen, Übersetzungen, Mikroverfilmungen, Auswertungen durch Datenbanken und für die Einspeicherung und Verarbeitung in elektronische Systeme. Alle Rechte, auch die des auszugsweisen Nachdrucks, der fotomechanischen Wiedergabe (einschließlich Mikrokopie) sowie der Auswertung durch Datenbanken oder ähnliche Einrichtungen, vorbehalten.

Impressum:

Copyright © 2012 GRIN Verlag GmbH
Druck und Bindung: Books on Demand GmbH, Norderstedt Germany
ISBN: 978-3-656-19142-1

Dieses Buch bei GRIN:

http://www.grin.com/de/e-book/193841/die-meiji-zeit

GRIN - Your knowledge has value

Der GRIN Verlag publiziert seit 1998 wissenschaftliche Arbeiten von Studenten, Hochschullehrern und anderen Akademikern als eBook und gedrucktes Buch. Die Verlagswebsite www.grin.com ist die ideale Plattform zur Veröffentlichung von Hausarbeiten, Abschlussarbeiten, wissenschaftlichen Aufsätzen, Dissertationen und Fachbüchern.

Besuchen Sie uns im Internet:

http://www.grin.com/

http://www.facebook.com/grincom

http://www.twitter.com/grin_com

Westfalen Kolleg Bielefeld

Hendrik Wollersheim

Facharbeit

Thema: Wie hat es der japanische Staat im frühen zwanzigsten Jahrhundert geschafft, binnen kürzester Zeit den Wandel von einem Feudalstaat zu einer modernen Industrienation zu vollziehen?

- 怡宣のために -

Fach: Geschichte
Kurs: Lk

Abgabe: 2012/05/03

Inhalt

1 Einleitung	Seite	3
2 Historische Zusammenhänge	Seite	4
2.1 Sengoku-Zeit und Bürgerkrieg	Seite	4
2.2 Edo-Zeit: Isolation und Frieden	Seite	5
2.3 Boshinkrieg: Auf- und Umbruch eines Landes	Seite	6
3 Meiji-Zeit	Seite	7
3.1 Politischer Wandel	Seite	8
3.2 Wissenschaftlicher Wandel	Seite	10
3.3 Wirtschaftlicher Wandel	Seite	11
3.4 Gesellschaftlicher Wandel	Seite	12
4 Fazit und Ausblick	Seite	13
5 Glossar	Seite	14
6 Literatur- und Quellenverzeichnis	Seite	18

1 Einleitung

Wer sich schon einmal näher mit Japan befasst hat, wird sicherlich festgestellt haben, dass dieses Land mehr als nur *„Samurai* und Sushi" bietet. Japan übte und übt immer noch auf viele Menschen eine Faszination aus wie kaum ein anderes Land. Japan ist heute in der westlichen Welt präsenter den je: Seien es Konzerne wie Nintendo und Mitsubishi in der Wirtschaft, oder in der Populärkultur Manga und Anime, die auch in Europa zahlreiche Anhänger[1] gefunden haben. Heute ist Japan eine hochtechnisierte Industrienation auf Augenhöhe mit Deutschland und den USA. Doch noch im ausgehenden 19. Jahrhundert deuteten die Zeichen in eine gänzlich andere Richtung. Zu dieser Zeit sah sich Japan mit der Situation in China konfrontiert, das unter den Kolonialisierungsbestrebungen der europäischen Nationen zu leiden hatte. Der japanischen Nation drohte aufgrund des technologischen Rückstandes und der politischen Isolation ein ähnliches Schicksal zu wiederfahren.

Wie also hat es Japan, dass noch vor anderthalb Jahrhunderten auf dem Stand der europäischen Nationen von vor fast zweieinhalb Jahrhunderten befand, anders als andere Länder im asiatischen Kulturkreis so schnell geschafft, Boden gut machen?
Diese Arbeit soll sich mit dieser Fragestellung befassen. Ich werde mich hier insbesondere auf die Epoche der Meiji-Restauration (1868- ca. 1900) konzentrieren, da sie den wohl in dieser Hinsicht einschneidensten Abschnitt der jüngeren Geschichte Japans darstellt, gleichwohl werde ich aber auch die vorhergehenden Epochen beschreiben, um ein möglichst komplettes Bild zeichnen zu können.

Die im Verlaufe dieser Arbeit zwangsläufig auftauchenden japanischen Begriffe werden von mir mit Hilfe des Hepburn-Systems wiedergegeben und sind *kursiv* gesetzt. Das hier vorkommende Makron „ ¯ " markiert einen langen Vokal (z.B. *Tōkyō*). Familiennamen werden in der Form „Familienname Vorname" geschrieben. Um den Lesefluss nicht unnötig zu beeinträchtigen, sind diese

---
[1] So hatte z.B. die Anime-Convention Japan Expo in Paris 2011 192.00 Besucher. Vgl. http://en.wikipedia.org/wiki/Japan_Expo, 15.04.2012 13:37

Begriffe, sofern nicht unmittelbar im Text erläutert, in einem Glossar gelistet und erklärt.

2 Historische Zusammenhänge

Im folgenden Abschnitt dieser Arbeit möchte ich auf den historischen Kontext des Themas eingehen. Aufgrund der Komplexität des selbigen ist es meines Erachtens nach notwendig, detaillierter als gewohnt auf die jeweiligen Epochen einzugehen, um die Entwicklungen während der Meiji-Restauration nachvollziehen zu können.

2.1 Azuchi-Momoyama-Zeit: Bürgerkrieg und Reichseinigung

Die Azuchi-Momoyama-Zeit (1573-1603) wurde durch die drei großen Feldherrn Oda Nobunaga, Toyotomi Hideyoshi und Tokugawa Ieyasu geprägt. Im Gegensatz zu anderen *Daimyōs* stand Nobunaga der westlichen Kultur offen gegenüber und interessierte sich sehr für die Gerätschaften und das Wissen, das die „Südbarbaren" (*Nanban*), d.h. portugiesische und spanische Missionare und Händler, mitbrachten. Diese Toleranz begründete sich aber nicht nur in seinem Interesse für das Fremde und neue. Gleichwohl erkannte er, das die *Arkebusen* und Kanonen in einem Land, in dem ansonsten nur mit Bogen und Schwert Krieg geführt wird, einen erheblichen militärischen Vorteil bedeuteten. So war Nobunaga einer der ersten *Daimyō*, der aus Europa importierte Feuerwaffen in seiner Armee einsetzte[2]. Dadurch gelang es ihm weite Teile *Honshus* einzunehmen.
Nachdem er in Kyoto einen neuen *Shōgun* einsetzte, unternahm er weitere Feldzüge in der *Kinki*-Region, bis er von einem seiner Gefolgsleute überfallen und zum *Seppuku* gezwungen wurde.

Seine Armee wurde schließlich von Toyotomi Hideyoshi übernommen, der wie sein Vorgänger den *Nanban*-Handel förderte und eine jesuitenfreundliche[3] Politik

---
2   S. hierzu: http://de.wikipedia.org/wiki/Oda_Nobunaga, 15.04.2012 20:11
3   Viele Daimyo misstrauten den christlichen Missionaren, da diese aufgrund ihrer humanitären Arbeit viele Anhänger unter den Bauern fanden und sahen sie als potentielle Aufwiegler; S. Dazu
    http://de.wikipedia.org/wiki/Christentum_in_Japan, 15.04.2012 23:32

betrieb. Toyotomi Hideyoshi verstarb während seines Versuches, Korea und China zu erobern.
Sein Sohn Toyotomi Hideyori konnte nicht an die Erfolge seines Vaters anknüpfen und verlor bei den Daimyōs mehr und mehr den Rückhalt, bis schließlich Tokugawa Ieyasu, einer der früheren Generäle Hideyoshis, nach der Schlacht von Sekigahara 1600 vollends die Herrschaft übernahm.

Durch den Sieg bei Sekigahara avancierte Tokugawa zum mächtigsten Daimyō und militärischen Alleinherrscher des Japanischen Reiches. 1603 ließ er sich vom *Tennō* den Titel Shōgun verleihen und gründete so das Tokugawa-Shōgunat. Auch Tokugawa führte die ausländerfreundliche Politik seiner Vorgänger fort und konzentrierte sich zunächst auf die Beseitigung seiner politischen Gegner.
Er verlegte die Hauptstadt des Landes weg von der kaiserlichen Residenz Kyōto in das bis dahin unbedeutende Fischerdorf Edo und zwang die Daimyō ihre Familien dort anzusiedeln[4]. Sie selber mussten die Hälfte des Jahres dort verbringen, was einen enormen finanziellen und logistischen Aufwand bedeutete und so mögliche Umsturzversuche erschwerte.

2.2 Edo-Zeit: Isolation und Frieden

Die Edo-Zeit (1603-1868) war durch viele gravierende Ereignisse und Veränderungen geprägt. So herrschte erstmals seit hunderten von Jahren im ganzen Land ein stabiler Frieden und es bildete sich eine Wirtschaft mit merkantilistischen Zügen und einem florierenden Binnenhandel, was zu einer Vermehrung des Wohlstandes und Herausbildung der Städte als kulturellem Zentrum führte. Weiterhin gab es erstmals eine Zentralregierung mit entsprechendem Beamtenapparat. Auch die Gesellschaft veränderte sich: durch das *Shinōkōshō*[5] wurde die Bevölkerung je nach Beruf und Herkunft in vier verschiedene Stände eingeteilt. Der Schwertadel bildete den obersten Stand; Bauern als „Ernährer des Landes" den zweiten, gefolgt von Handwerkern und Händlern. Der kaiserliche Hof und religiöse Berufe standen über dem System,

---
4 S. dazu Wikipedia http://de.wikipedia.org/wiki/Edo, 17.04.2012 17:01
5 Nach konfuzianischem Weltbild gestaltete Gesellschaftsordnung

während Berufe die mit dem Tod zu tun hatten oder als besonders schmutzig galten, eine Pariagruppe bildeten.

1635 erging der Landesabschließungs-Erlass, der es christlichen Missionaren, Spaniern und Portugiesen verbot sich im Land aufzuhalten, und Japaner daran hinderte, das Land zu verlassen. Einzig der Niederländischen Ostindien-Kompanie war es gestattet, die Faktorei auf der künstliche aufgeschütteten Insel Dejima im Hafen von Nagasaki unter strengen Auflagen anzulaufen. Dejima wurde dadurch zu „[...] einem Einfallstor für westliche Wissenschaft und Technik."[6]

Mit den Handelswaren gelangten so Instrumente, Bücher und Wissen in das ansonsten abgeschottete Land und es bildete sich so ein eigener Wissenschaftsbereich, Hollandkunde oder *Rangaku* heraus.

Durch den wirtschaftlichen Aufschwung gelang es insbesondere den Händlern, zu großem Wohlstand zu gelangen. Der Schwertadel wiederum verfügte zum großen Teil nur über ein Grundeinkommen in Naturalien und musste sich regelmäßig bei den Händlern verschulden, um seinen Lebensstil finanzieren zu können[7].

2.3 Boshin-Krieg: Auf- und Umbruch eines Landes

Der Boshin-Krieg (1868-1869) fällt in die Zwischenepoche des *Bakumatsu* und stellt gleichzeitig das Ende der Edo-Zeit dar.

Bedingt durch gesellschaftliche Probleme wie z.B. der o.a. Verschiebung von Abhängigkeitsverhältnissen, der „Ankunft der [...] *Kurofune* von Matthew Perry 1853 und seiner Kanonenbootpolitik"[8] sowie Unzufriedenheit über die Politik des Shōgunats, sah sich Shōgun Tokugawa Yoshinobu gezwungen, 1867 die Herrschaft an den Tennō zurückzugeben.

1867 wurde den gegen das Shōgunat rebellierenden *Han Satsuma* und *Chōshū* vom Tennō die Erlaubnis gegeben, das Shōgunat zu stürzen. Infolge dessen kam es zu einem Machtkampf zwischen Shōgun und Tennō, bis schließlich am 10.

---

6 Wikipedia http://de.wikipedia.org/wiki/Abschlie%C3%9Fung_Japans, 17.04.2012 18:16
7 Vgl, Wkipedia http://de.wikipedia.org/wiki/Edo-Zeit, 17.04.2012 18:20
8 Wikipedia http://de.wikipedia.org/wiki/Bakumatsu, 18.04.2012 10:38

Januar 1868 der Boshin-Krieg zwischen dem Tokugawa-*Bakufu* und den kaiserlichen Truppen Japans ausbrach. Der Krieg bedeutete das Ende der längsten, ununterbrochenen Friedensperiode eines neuzeitlichen Staates[9]. Die Kampf- handlungen auf der Hauptinsel *Honshu* endeten im September 1868 mit der Kapitulation des Han *Aizu* (Yoshinobu kapitulierte bereits im Mai des Jahres). Der Tennō wählte als Regierungssitz ebenfalls Edo und benannte es in Tōkyō um, womit die Meiji-Ära begann.

Der Krieg endete mit der Seeschlacht von Hakodate, bei der die Kaiserliche Marine die Überreste der Bakufu-Flotte besiegte, die zusammen mit französischen Militärberatern auf dem heutigen *Hokkaidō* die Republik *Ezo*[10] ausgerufen hatten. Die Republik Ezo war die erste nach westlichem Vorbild gestaltete Demokratie[11] in der Region und es fanden hier auch die ersten demokratischen Wahlen in der japanischen Geschichte statt.

3 Meiji-Zeit

Wie eingangs geschrieben stellt die Meiji-Restauration einen der signifikantesten Wendepunkte in der japanischen Geschichte dar. Ihren Namen erhielt sie vom Thronnamen des Kaisers Mutsuhito, der übersetzt soviel wie „erleuchtete Herrschaft" bedeutet und gleichzeitig der Regierungsdevise des Tennō entsprach und somit zu einer Ära-Bezeichnung wurde.

Während der Meiji-Restauration wurden in fast allen Bereichen des täglichen Lebens Reformen durchgeführt und die seit 700 Jahren nahezu unveränderte Gesellschaftsordnung quasi über Nacht verändert. Gleichzeitig wurde aber die Rückkehr zu alten japanischen Werten propagiert. Dennoch kam es nach dem Boshin-Krieg und der *Satsuma*-Rebellion zu keinen gewaltsamen Aufständen oder Revolutionen in dem Ausmaß wie es in Europa der Fall gewesen ist.

---

9 Vgl. Wikipedia http://de.wikipedia.org/wiki/Edo-Zeit 18.04.2012 11:14
10 Vgl. Wikipedia http://de.wikipedia.org/wiki/Republik_Ezo, 18.04.2012 11:20
11 Vgl. japanische Wikipedia http://ja.wikipedia.org/wiki/%E8%9D%A6%E5%A4%B7%E5%85%B1%E5%92%8C%E5%9B%BD, 18.04.2012 11:22

Dieser Umstand scheint auf den ersten Blick verwunderlich, hat Japan doch die Entwicklung der europäischen Staaten im „Zeitraffer" nachvollzogen. Wenn man sich jedoch die besonderen Gegebenheiten der japanischen Gesellschaft vor Augen führt, wird dieser Umstand eher nachvollziehbar.

3.1 Politischer Wandel

Beginnend mit der Erneuerung der Macht des Tennōs, kam es zu diversen Änderungen des politischen Systems in Japan. War Japan nach den durch Matthew Perry erzwungenen Handelsverträgen bis dato eher fremdenfeindlich eingestellt, wurde im Verlauf der Meiji-Restauration davon abgegangen. Es wurden Gesandtschaften wie zum Beispiel die *Iwakura-Mission*, die von 1871 bis 1873 dauerte, nach Amerika, Europa und Russland geschickt, um mit den dortigen Nationen diplomatische Kontakte aufzunehmen. Abseits der offiziellen Missionen wurden viele japanische Studenten an europäische Universitäten geschickt um dort zu lernen. Ziel war es, einerseits einen Wissenstransfer zu ermöglichen und andererseits möglichen Kolonialisierungsbestrebungen der westlichen Mächte wie in China zuvorzukommen. Japan sollte als eine Nation, die in der Weltpolitik mit den westlichen Ländern auf Augenhöhe verhandelte, etabliert werden. Hierzu wurden über 3000 Experten in das Land geholt[12] und die neue Armee nach westlichen Standards unter dem Slogan „reiches Land, starke Armee" aufgestellt. Dadurch entwickelte sich Japan schon zu Beginn der Meiji-Restauration zu einer militärischen Großmacht in Asien.

In der Landesverwaltung kam es zur Abschaffung der Han, bei der die Daimyō ihre Territorien gegen großzügige Entschädigungen an den Tennō abgeben mussten. Das Land wurde daraufhin in Präfekturen unterteilt, die von Gouverneuren regiert wurden, die oftmals identisch mit den früheren Lehnsherren der jeweiligen Territorien waren. Dadurch und durch die Übernahme der Schulden[13] der ehemaligen Han erreichte die Regierung die Unterstützung der ehemaligen Daimyō, ohne die die Durchsetzung der Reformen nicht möglich gewesen wäre.

---
12 Vgl. Wikipedia http://de.wikipedia.org/wiki/Meiji-Zeit, 18.04.2012 13:09
13 Vgl Wikipedia http://de.wikipedia.org/wiki/Abschaffung_der_Han, 18.04.2012 13:26

Die wichtigste Neuerung der Meiji-Zeit war die Entwicklung von einer absoluten Monarchie hin zu einer konstitutionellen Monarchie mit einer Verfassung, die im Februar 1889 in Kraft trat. Die Verfassung war nach dem Vorbild des preußischen Obrigkeitsstaates entworfen worden und ermöglichte erstmals den Bürgern des Reiches eine Mitbestimmung.

Bis dahin lag die Führung des Landes beim Tennō und einigen Samurai, die schon beim Sturz des Tokugawa-Shōgunats auf Seiten des Kaisers standen, dem sogenannten „Meiji-Oligarchen". Diese stellten sich zunächst gegen die Bestrebungen der Demokratiebewegungen, gaben schließlich aber nach und bestimmten die Ausgestaltung der neuen Verfassung maßgeblich mit.

Dem Tennō wurden in dieser Verfassung weitreichende Befugnisse zugestanden. Er konnte unter anderem jeden Entschluss des Parlamentes durch sein Veto stoppen. Das Parlament selber war nach britischem Vorbild in Ober- und Unterhaus unterteilt. Die Mitglieder des Oberhauses setzten sich aus den Meiji-Oligarchen zusammen, welche auch die Ministerpräsidenten und Minister der Meiji-Zeit stellten.

Die Mitglieder des Unterhauses waren gewählte Volksvertreter, die sich zum Großteil in Anhänger der *Kokumin Jiyūtō* („Liberale Partei"), die sich „[...] für eine Regierungsform nach französischem Muster einsetzte [...]"[14], der *Rikken Kaishintō* („Konstitutionelle Progressive Partei"), die „[..] eine konstitutionelle Monarchie nach dem Vorbild Großbritanniens forderte [...]"[15], der *Taiseikai* („Großer Wille"), die zusammen mit der *Kokumin Jiyūtō* eine regierungsnahe Politik verfolgte[16] und die *Rikken Jiyūtō* („Konstitutionell-Liberale Partei"), welche zusammen mit der *Rikken Kaishintō* der liberalen Bürgerrechtsbewegung entstammten.

Die Wahlbeteiligung der ersten Wahl zum Unterhaus am 1. Juli 1890 betrug 93,73%.[17] Wahlberechtigt waren „[...] männliche japanische Staatsbürger, die jährlich mindestens 15 Yen direkte Steuern zahlten."[18]

---

14 Wikipedia http://de.wikipedia.org/wiki/Meiji-Zeit, 18.04.2012 13:53
15 Wikipedia http://de.wikipedia.org/wiki/Meiji-Zeit, 18.04.2012 13:53
16 Wikipedia http://de.wikipedia.org/wiki/Sh%C5%ABgiin-Wahl_1890, 18.04.2012 14:11
17 Wikipedia http://de.wikipedia.org/wiki/Sh%C5%ABgiin-Wahl_1890, 18.04.2012 14:11
18 Wikipedia http://de.wikipedia.org/wiki/Sh%C5%ABgiin-Wahl_1890 18.04.2012 14:11

3.2 Wissenschaftlicher Wandel

Wie bereits an anderer Stelle beschrieben, gab es in Japan seit dem 16. Jahrhundert einen regen Wissensaustausch mit der westlichen Welt. Auch während der Isolation Japans in der Edo-Zeit kam dieser Austausch nicht zum Erliegen. Die Rangaku nahm eine bedeutende Stellung als wissenschaftliche Disziplin ein und ermöglichte es Japan, nach der Öffnung des Landes schnell Boden gut zu machen.

Als eine Art Starthilfe wirkten die über 3000 *O-yatoi gaikokujin* („Kontraktausländer"), Ingenieure, Lehrer, Militärs und Experten, deren Aufgabe es war, ausländische Technologien einzuführen und Japanern beizubringen diese zu nutzen. Noch heute kann man in der japanischen Sprache die Einflüsse der Kontraktausländer feststellen: Ein Großteil der Mediziner kam aus deutschsprachigen Ländern und die Fachwörter in der modernen japanischen Medizin sind zum Teil immer noch deutsche Lehnwörter (z.B. Krankenakte → karute / (Kranken)karte). Auch die Studenten, die an die europäischen Universitäten geschickt wurden, brachten ein enormes Potential mit nach Hause, kamen sie doch als gut ausgebildete Fachkräfte zurück nach Japan.

Viele Technologien waren in Japan bereits in der Edo-Zeit bekannt. Bereits 1776 gab es eine Elektrisiermaschine[19] und um 1805 wurde in Japan der erste Heißluftballonflug[20] durchgeführt. In der ersten Hälfte des 19. Jahrhunderts kam das Wissen über Dampfmaschinen[21] nach Japan, die erste Dampfmaschine wurde 1853 gebaut. Die ersten Schiffe nach westlichem Vorbild wurden ein Jahr später anhand technischer Zeichnungen aus den Niederlanden gebaut[22]. 1855 erstand das erste Dampfschiff, die *Unkōmaru*, anhand von Zeichnungen. Der niederländische Marineoffizier Willem Huyssen van Kattendijke bemerkte 1858 dazu:

---

19 Wikipedia http://de.wikipedia.org/wiki/Rangaku 18.04.2012 14:53
20 Wikipedia http://de.wikipedia.org/wiki/Rangaku 18.04.2012 14:53
21 Wikipedia http://de.wikipedia.org/wiki/Rangaku 18.04.2012 14:53
22 Wikipedia http://de.wikipedia.org/wiki/Rangaku 18.04.2012 14:53

„Es gibt ein paar Unvollkommenheiten bei den Details, doch ich ziehe meinen Hut vor der Genialität der Leute, die solche Schiffe bauen konnten, ohne die Maschine gesehen zu haben und sich nur auf einfache Zeichnungen verließen." [23]

3.3 Wirtschaftlicher Wandel

Bedingt durch die Landreform und den Wissenstransfer aus dem Ausland, war es Japan möglich, rasch den Wechsel von einem Feudalstaat zu einer Industrienation zu vollziehen. Durch die Verstaatlichung der Territorien und vieler Manufakturen hatte die Regierung direkten Einfluss auf die Wirtschaft und konnte die Industrielle Revolution gemäß ihren Vorgaben lenken.

Es wurde großes Augenmerk auf die Produktion von Seide und Tuch, klassischen Handelsgütern, gelegt, um durch Export eine Einnahmequelle zu haben. Gleichzeitig wurde ein umfangreiches Eisenbahnnetz geplant und verwirklicht sowie ein Landesweites Telegraphennetz installiert. Wie in Europa war auch in Japan die Eisenbahn das „Zugpferd der Industrialisierung". Die Schienenstrecke vergrößerte sich im Zeitraum von 1872 bis 1883 von 18km auf 240km[24]. Beinahe Parallel dazu wurden Bergwerke, Schmelzen und Werften gebaut. Nach und nach wurden diese Betriebe an ehemalige Daimyō und Samurai veräußert, die sich in Zaibatsu, privaten Managementgruppen, zusammengeschlossen hatten. Die produzierten Waren wurden mit Hilfe westlicher Technologie zu günstigen Preisen auf dem internationalen Markt verkauft. Die erwirtschafteten Gewinne wurden wiederum in neue Technologien, die Betriebe und den Import von Rohstoffen wie Kohle investiert.

Gemäß dem Motto „reiches Land, starke Armee" war die Industrialisierung in erster Linie darauf ausgerichtet, eine bestmögliche Rüstungsindustrie zu schaffen, um möglichst schnell eine schlagkräftige Armee und Marine zu besitzen. Clans wie die Chōshū (Heer) und Satsuma (Marine) stellten das Personal in wichtigen Schlüsselbereichen der jeweiligen Teilstreitkräfte und verfolgten wiederum

---

[23] Wikipedia http://de.wikipedia.org/wiki/Rangaku 18.04.2012 14:53
[24] Englische Wikipedia http://en.wikipedia.org/wiki/Meiji_Restoration, 18.04.2012 15:48

imperialistische Ziele in Ostasien[25].

3.4 Gesellschaftlicher Wandel

Die Veränderung der Gesellschaftsordnung und die rasche Industrialisierung führten zu den gleichen Begleiterscheinungen in der japanischen Gesellschaft, die auch in Mitteleuropa zu beobachten waren.
Trotz der Auflösung des Ständesystems wurden viele Menschen immer noch ob ihrer Herkunft und ihres Berufes diskriminiert. Dies betraf vor allem die Pariagruppe, über deren Mitglieder sorgfältig Buch geführt wurde. Nach der Befreiung der Bauern aus der Leibeigenschaft kam es zu einer Urbanisierung mit einhergehender Landflucht. Die Arbeitsverhältnisse in den Betrieben glichen denen der europäischen zur Zeit der Industriellen Revolution in Europa. Auch waren Arbeitslosigkeit und Nahrungsmittelknappheit ein Problem. Die Bevölkerung wuchs rasant von 26 Mio 1867 auf knapp 60 Mio 1913.[26]
Trotz dieser Umstände kam es aber nicht wie in Europa zu Aufständen oder Protesten. Dies lag vornehmlich daran, das die japanische Gesellschaft traditionell eher auf die Gemeinschaft als auf das Individuum ausgerichtet ist. So wurden zum Beispiel während der Edo-Zeit Abgaben nur auf Dorfgemeinschaften, nicht jedoch auf Personen erhoben, jeder im Dorf arbeitete also für alle anderen - nun arbeitete man gemeinsam daran, Japan groß zu machen. Weiterhin spielte die Religion insofern eine Rolle, da der Kaiser im *Shintoismus* als Gottheit und dessen Befehle als absolut angesehen werden.
Die Verehrung des Kaisers und der „gemeinsamen Sache" nahm mit der Einführung der Schulpflicht und eines Bildungssystem nach preußischem Vorbild zu, da eine entsprechende Erziehung teil der Bildungspolitik der Meiji-Regierung war.

---

[25] Vgl. Wendel, Sonja, Japan im Zeitlichen Wandel Politik und Geschichte der Meiji Restauration, 1 Auflage München 1998, S. 13
[26] Vgl. Wendel, Japan im Zeitlichen Wandel, S. 13

4 Fazit und Ausblick

Rückblickend ist zu sagen, dass Japan den Schritt von einem Feudalstaat zu einer Industrienation deshalb so gut und schnell gelang, weil es von diversen Umständen profitieren konnte, die zueinander passten und sich ergänzten. Auf der einen Seite sind da die vorhandenen Voraussetzungen wie eine dem „Projekt Großmacht Japan" dienliche Arbeitsethik und geschickte Innenpolitik, die sich die alten Herrscher dienlich gemacht hatten. Auf der anderen Seite sind die Technologie zu nennen, die zu dem Zeitpunkt, als Japan sie benötigte, schon ausgreift und erprobt war und die Akkumulation von Wissen durch die ins Land geholten ausländischen Experten. All das wirkte als enorme Starthilfe für die japanische Nation. Innerhalb weniger Jahrzehnte hatte Japan sowohl wirtschaftlich als auch militärisch soweit aufgeholt, das es sich im ersten Sino-Japanischen Krieg 1894-1895 gegen das Kaiserreich China und 10 Jahre später im Russisch-Japanischen Krieg gegen das russische Zarenreich behaupten konnte und aus beiden Konflikten als Sieger hervorging.

Der erste Weltkrieg bedeutete für Japan einen enormen wirtschaftlichen Aufschwung, da die europäischen Großmächte auf Kriegswirtschaft umgestellt hatten und somit den asiatischen Markt vernachlässigen mussten. Als Verbündeter der Briten bekam es nach dem Krieg die deutschen Kolonien im Pazifik zugesprochen.

Es folgte im Zuge der imperialistischen Außenpolitik die Besetzung der Mandschurei und der zweite Sino-Japanische Krieg, der zum Großteil parallel zum 2. Weltkrieg ablief. Auf Seiten der Achsenmächte trat Es in den Pazifikkrieg ein. Japan gab sich erst nach den Abwürfen der Atombomben über Hiroshima und Nagasaki geschlagen und kapitulierte. Gleichzeitig bedeutete es auch das Ende der aggressiven Außenpolitik und den Wechsel zu einer um den Frieden bemühten demokratischen Regierung.

5 Glossar

A

Aizu
- das Lehen Aizu (heute Präfektur Fukushima)
- der herrschende Klan in diesem Lehen: Aizu-Matsudaira

Arkebuse
- Vorderladergewehr mit Luntenschloss

B

Bakufu
- „Zeltregierung" im sinne von Militärregierung (s. Shōgunat)

Bakumatsu
- „Ende des Bakufu"; der Niedergang des Shōgunats in der späten Edo- und frühen Meiji-Zeit

C

Chōshū
- das Lehen Chōshū (heute Präfektur Yamaguchi)
- der Klan in diesem Lehen: Mōri

D

Daimyō
- ein lokaler Herrscher im feudalen Japan

E

Ezo
- der alte Name für die japanische Insel Hokkaidō
- den kurzlebigen Staat im 19. Jahrhundert auf selbiger Insel: die Republik Ezo.

H

Han
- ein Lehen im alten Japan

Hokkaidō
- die nördlichste der fünf Hauptinseln Japans.

Honshu
- die größte der fünf japanischen Hauptinseln.

I

Iwakura-Mission
- eine diplomatische Mission der Meiji-Regierung mit dem Ziel politische und wirtschaftliche Kontakte mit dem westlichen Ausland zu knüpfen. Sie dauerte von 1871 bis 1873 und ist nach ihrem Leiter Iwakura Tomomi benannt.

K

Kokumin Jiyūtō
- „Liberale Partei" eine der ersten Volksparteien Japans. Nicht zu verwechseln mit der *Rikken Jiyūtō*.

Kinki-Region
- Region im Westen der Insel Honshu. Umfasst die Präfekturen Shiga, Mie, Kyōto, Nara, Ōsaka, Wakayama und Hyōgo.

Kurofune
- „Schwarze Schiffe" Flotte Commodore Perrys mit der er der Tokugawa-Bakufu Handelsverträge zu Gunsten der USA und die Öffnung Japans für die USA erzwang.

N

Nanban-Handel
- Nanban = Südbarbaren. Bezeichnung der Japaner für Spanier und Portugiesen. Mit ihnen wurde im 16. und 17. Jahrhundert Handel betrieben.

O

O-yatoi gaikokujin
- „Kontraktausländer" Europäische und amerikanische Experten, die gegen Bezahlung im Meiji-Japan ihr Wissen vermittelten

R

Rikken Kaishintō
- „Konstitutionelle Progressive Partei" Eine der ersten Volksparteien Japans

- Rikken Jiyūtō („Konstitutionell-Liberale Partei") eine der ersten Volksparteien Japans. Nicht zu verwechseln mit der *Kokumin Jiyūtō*.

S

Samurai
- Mitglied des Kriegerstandes im vorindustriellen Japan

Satsuma
- das Lehen Satsuma (heute Präfektur Kagoshima)
- der Klan in diesem Lehen: Shimazu
- Aufstand von Samurai in selbiger Provinz: Satsuma Rebellion

Shinōkōshō
- „Schwertadel, Landwirtschaft, Handwerk, Handel" Ständesystem im frühneuzeitlichen Japan der Edo-Zeit. Basiert auf dem konfuzianischem Weltbild.

Shintō
- „Weg der Götter" eine fast ausschließlich in Japan praktiziere, polytheistische (Natur-)Religion. Zusammen mit dem Buddhismus die größte Religionsgemeinschaft in Japan.

Shōgun
- „Unterwerfer der Barbaren" und „großer General" Militärtitel für Anführer aus dem Kriegeradel

Seppuku
- ritualisierter Selbstmord mit dem ein Ehrverlust vorgebeugt wurde und der verhinderte, das die Hinterbliebene Familie einer unterworfen wurde. Oft fälschlicherweise als „Harakiri" bezeichnet.

T

Taiseikai
- „Großer Wille" eine der ersten Volksparteien Japans.

Tennō
- Nachfahre der Schöpferin und Sonnengöttin Amaterasu und Kaiser von Japan. Ist gleichzeitig der oberste Priester des Shintō.

6 Literatur- und Quellenverzeichnis

http://en.wikipedia.org/wiki/Japan_Expo, 15.04.2012 13:37

http://en.wikipedia.org/wiki/Meiji_Restoration, 18.04.2012 15:48

http://de.wikipedia.org/wiki/Abschaffung_der_Han, 18.04.2012 13:26

http://de.wikipedia.org/wiki/Abschlie%C3%9Fung_Japans, 17.04.2012 18:16

http://de.wikipedia.org/wiki/Bakumatsu, 18.04.2012 10:38

http://de.wikipedia.org/wiki/Christentum_in_Japan, 15.04.2012 23:32

http://de.wikipedia.org/wiki/Edo, 17.04.2012 17:01

http://de.wikipedia.org/wiki/Edo-Zeit, 17.04.2012 18:20

http://de.wikipedia.org/wiki/Rangaku 18.04.2012 14:53

http://de.wikipedia.org/wiki/Oda_Nobunaga, 15.04.2012 20:11

http://de.wikipedia.org/wiki/Republik_Ezo, 18.04.2012 11:20

http://de.wikipedia.org/wiki/Sh%C5%ABgiin-Wahl_1890, 18.04.2012 14:11

http://ja.wikipedia.org/wiki/%E8%9D%A6%E5%A4%B7%E5%85%B1%E5%92%8C%E5%9B%BD, 18.04.2012 11:22

Wendel, Sonja, Japan im Zeitlichen Wandel Politik und Geschichte der Meiji Restauration, 1 Auflage München 1998, S. 13